PROPERTY OF
CHICAGO BOARD
OF EDUCATION
HURLEY SCHOOL

LECTOR DE SCHOLASTIC

2 NIVEL

El autobús mágico®

en medio de la tormenta

SCHOLASTIC en español

Estimados padres:

¡Bienvenidos a la serie Lector de Scholastic! Nuestra experiencia de más de 80 años con maestros, padres y niños nos ha servido para diseñar un programa acorde con los temas de interés y las destrezas de su hijo/a.

Nivel 1—Cuentos breves con oraciones cortas y palabras que su hijo/a puede deletrear utilizando sus destrezas fonéticas. Incluye palabras que es importante recordar.

Nivel 2—Cuentos con oraciones más largas y palabras con las que su hijo/a debe familiarizarse y palabras nuevas que le encantará aprender.

Nivel 3—Libros con oraciones y párrafos más extensos que contienen fragmentos de texto rico en vocabulario.

Nivel 4—Los primeros libros en capítulos con más palabras y menos ilustraciones.

Es importante que los niños aprendan a leer correctamente para triunfar en la escuela y en la vida. Aquí les ofrecemos algunas ideas para leer este libro con su hijo/a:

- Hojeen el libro juntos. Anime a su hijo/a a leer el título y predecir el contenido del cuento.
- Lean el libro juntos. Anime a su hijo/a a deletrear las palabras cuando sea necesario. Si le resulta difícil leer alguna palabra, léasela usted.
- Pídale que le cuente el cuento con sus propias palabras. Esa es una buena manera de verificar si ha comprendido.

El objetivo de los libros de la serie Lector de Scholastic es apoyar los esfuerzos de su hijo/a para aprender a leer a cualquier edad y en cualquier etapa. Disfrute enseñando a su hijo/a a aprender a leer e incúlquele amor a la lectura.

—**Francie Alexander**
Directora Académica
Scholastic Inc.

Escrito por Kristin Earhart
Ilustrado por Carolyn Bracken

Basado en los libros de *El autobús mágico*®
escritos por Joanna Cole e ilustrados por Bruce Degen

La autora y el editor quieren agradecer a Jonathan D. W. Kahl, Profesor de Ciencia Atmosférica de la Universidad de Wisconsin-Milwaukee por su experto asesoramiento para preparar este libro.

Originally published in English as *The Magic School Bus*® *Weathers the Storm*

Translated by Eida de la Vega

No part of this publication may be reproduced, stored in a retrieval system, or transmitted in any form or by any means, electronic, mechanical, photocopying, recording, or otherwise, without written permission of the publisher. For information regarding permission, write to Scholastic Inc., Attention: Permissions Department, 557 Broadway, New York, NY 10012.

ISBN 978-0-545-56776-3

Copyright © 2008 Joanna Cole and Bruce Degen.

Translation copyright © 2013 by Scholastic Inc.
All rights reserved. Published by Scholastic Inc.
SCHOLASTIC, SCHOLASTIC EN ESPAÑOL, THE MAGIC SCHOOL BUS,
and associated logos are trademarks and/or registered trademarks of Scholastic Inc.

12 11 10 9 8 7 6 5 4 3 2 13 14 15 16 17 18/0

Designed by Rick DeMonico

Printed in the U.S.A. 40

First Spanish printing, September 2013

l autobús mágico®
en medio de la tormenta

SCHOLASTIC INC.

Es divertido estar en la clase de la Srta. Frizzle. Su ropa y sus zapatos son muy graciosos. Y además hacemos excursiones en el autobús mágico.

TIPOS DE
LUVIA:
neblina
llovizna
chubasco
aguacero
chaparrón
TIEMPO PARA HOY:
¡CALOR!
VENTISCA
Phoebe
INCREÍBLE LA CANTIDAD DE LUGARES QUE VISITAMOS EN EL AUTOBÚS.
¡NO QUIERO NI PENSARLO!

Estamos aprendiendo sobre el clima. Tim hizo un pluviómetro que indica cuánta lluvia ha caído. Pero hoy está vacío.
PRECIPITACIONES
DÍA
PULGADAS DE LLUVIA
LUN.
0"
MAR.
0"
MIÉR.
0"
ME GUSTARÍA QUE LLOVIERA.
A MÍ NO. SI LLUEVE, NO PODREMOS JUGAR A LA PELOTA.
¿QUIÉN QUIERE JUGAR A LA PELOTA CON ESTE CALOR?

El aire está caliente y húmedo.
Nadie quiere hacer nada y
estamos de mal humor.
La Srta. Frizzle nos mira y dice:
—¡Es hora de ir de excursión!

Afuera, todavía está caliente y húmedo.
Pero el cielo es de un color azul claro.
—No va a llover —le dice Keesha a Tim.

EXCURSIÓN
PERO HAY MUCHA AGUA EN EL AIRE.
¿DE VERAS? LO ÚNICO QUE VEO ES UN PÁJARO.
AGUA DIMINUTA
por D.A.
¿Sabías que una parte del aire está formada por agua? No podemos verla porque el aire es invisible. El agua en el aire se llama vapor de agua.
Cuando en un día de calor hay mucha agua en el aire, ¡se siente aun más calor!

La Srta. Frizzle conduce hasta un lago y mete el autobús en él. El autobús se convierte en un barco.
¡OTRA VEZ NO!

Y nosotros también empezamos a cambiar.
NIÑOS, AHORA VAN A APRENDER CÓMO SE HACE LA LLUVIA.
¿NO BASTARÍA CON APRENDER A LEER COMO EN LAS OTRAS CLASES?

De pronto, nos hacemos pequeñitos.
Tenemos paraguas diminutos.
Empezamos a flotar en el aire.
¡ESTO ME SUBE EL ÁNIMO!

ME ALEGRO. YO ESTOY TAN ASUSTADO QUE NO PUEDO MIRAR HACIA ABAJO.

Subimos muy rápido. Nos hacemos cada vez más pequeños.
¡MIRA QUÉ LEJOS ESTÁ EL AUTOBÚS!
YO QUISIERA ESTAR BIEN LEJOS... EN CASA.

Somos tan pequeñitos que podemos ver las diminutas gotas de agua del aire. ¡Están por todas partes!
¿POR QUÉ HACE TANTO FRÍO?
EL AIRE SE ENFRÍA A MEDIDA QUE SUBE.
¡QUÉ BIEN! ¡PODEMOS REFRESCARNOS!
EN LAS NUBES REFRESCA
por Carlos
El aire caliente se eleva desde la tierra. Se enfría a medida que sube. El agua que está en el aire se convierte en gotitas diminutas. Las gotas son tan pequeñas que el aire puede sostenerlas. Estas gotitas forman nubes.
Para formar una nube se necesitan millones de gotitas como nosotras.
¡Ojalá no caigamos!

Hace tanto frío que parte del agua se congela. Hay cristales de hielo que se arremolinan y dan vueltas por todas partes. ¡Las gotas de agua también!
TENGO LA CABEZA EN LAS NUBES.
¡Y YO LA CABEZA Y LOS PIES!

NO QUIERO NI IMAGINAR A DÓNDE VAMOS.

El viento se arremolina cada vez más rápido. Las gotas de agua chocan con los cristales de hielo ¡y con nosotros! Por encima del ruido del viento, oímos una voz.
¡AGÁRRENSE, NIÑOS!
RESCATE
¡ES LA SRTA. FRIZZLE!

¡ES EL GLOBO METEOROLÓGICO MÁGICO!

—Entren, niños —dice la Friz.
Lanza una soga y todos nos agarramos.
Ella nos sube de un tirón.
¡EL VIENTO ESTÁ ZARANDEANDO LA NUBE Y PRONTO HABRÁ UNA TORMENTA!
¡EL VIENTO NOS VA A METER EN UN PROBLEMA!

Estamos a salvo en el globo meteorológico.
El globo desciende por la nube.
El aire se siente raro.
NIÑOS, PRONTO VAMOS A VER UNOS DESTELLOS.
PREFIERO EL CLIMA ABURRIDO Y LAS EXCURSIONES ABURRIDAS.
LA FORMA DE UNA NUBE DE TORMENTA

Justo entonces vemos un destello dirigiéndose al suelo. ¡Es un relámpago!
—Los relámpagos están llenos de energía —dice la Friz—. Emiten luz, calor y mucho ruido.
¡VEO LA LUZ!
¡SIENTO EL CALOR!
¿DÓNDE ESTÁ EL RUIDO?
¡CHAS!

Nos mantenemos alejados.
Los relámpagos son muy peligrosos.
BIEN CARGADOS
por Wanda
El choque de las gotas de agua contra los cristales de hielo produce energía. Esa energía aumenta hasta convertirse en relámpago. ¡Un relámpago es una chispa enorme de electricidad!
¡Los relámpagos son muy peligrosos! Resguárdate siempre que haya una tormenta.

Y justo en ese momento: ¡BUM! Un estruendo nos estremece.
¡UN TRUENO!
YA OIGO EL RUIDO.
¡RETUMBA, TRUENA, BUM!
por Ralphie
El relámpago es tan caliente que calienta el aire muy rápido. Por eso el aire hace un gran ruido: ¡el trueno!

De pronto, se abre el suelo del globo meteorológico y empezamos a caer.

Diminutas gotas de lluvia nos envuelven, formando grandes gotas de lluvia. Estamos cayendo hacia la tierra.
¡VOY A ATERRIZAR EN LA PLAYA!

QUIERO ATERRIZAR EN LOS CANTEROS DE FLORES.
YO PREFIERO ATERRIZAR EN MI CAMA.
¿POR QUÉ LAS NUBES DE TORMENTA SON GRISES?
por Tim
Las nubes de tormenta almacenan mucha agua. El agua bloquea parte de la luz del sol. Es por eso que las nubes se ven grises.

Cuando nuestras gotas aterrizan, oímos el sonido de una bocina. De inmediato, nos montamos en el autobús.

EL LAGO ESTÁ LLENO DE AGUA LIMPIA.
LOS JARDINES SE VEN VERDES Y LOZANOS.
EL AIRE SE SIENTE FRESCO Y PURO.
¡CIELOS AZULES!

Hemos regresado a la escuela.
El pluviómetro está lleno.
Tim está contento. Y nosotros esperamos nuestra próxima excursión.
PRECIPITACIONES
DÍA
PULGADAS DE LLUVIA
LUN. 0"
MAR. 0"
MIÉR. ~~0~~" 7"
¡MIREN! ¡ESTÁ CASI LLENO DE AGUA!
¡NOSOTROS TAMBIÉN!

NUBLADO CON POSIBILIDADES DE FRIZZLE
TIPOS DE LLUVIA
neblina
llovizna
chubasco
aguacero
chaparrón
VENTISCA
PHOEBE
ZAPA
CARLOS
ACÁN
DA
NADO
Alphie
AS VISTO ESE VESTIDO?
¿DÓNDE LOS COMPRARÁ?
YO CREO QUE EN MARTE.

Datos increíbles

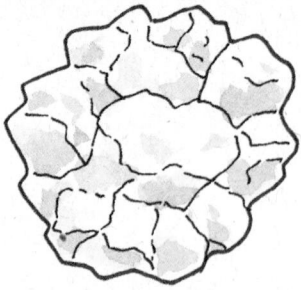

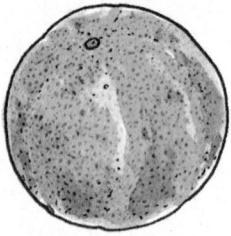

El granizo más grande se encontró en Aurora, Nebraska, el 22 de junio de 2003. Medía 7 pulgadas de ancho: ¡más grande que un melón!

En la Florida ocurren más de 100 tormentas eléctricas al año.

El Empire State Building recibe cerca de 100 impactos de relámpagos al año. Un pararrayos protege el edificio, controlando los rayos, el calor y la energía.

Una tormenta eléctrica grande puede producir suficiente energía eléctrica para encender todas las luces de un pueblo pequeño, ¡incluso las de la escuela!

PRONÓSTICO HUMORÍSTICO DE CARLOS